ALTDEUTSCHE TEXTBIBLIOTHEK

Begründet von Hermann Paul
Fortgeführt von Georg Baesecke
Herausgegeben von Hugo Kuhn
Nr. 61

I0636564

Die jüngere Judith

aus der Vorauer Handschrift

Kritisch herausgegeben von

Hiltgunt Monecke

MAX NIEMEYER VERLAG TÜBINGEN 1964

INHALT

© Max Niemeyer Verlag, Tübingen 1964 · Alle Rechte vorbehalten
Printed in Germany · Satz und Druck: Buchdruckerei Eugen Göbel, Tübingen

EINLEITUNG

Seit Diemers Abdruck der Vorauer Handschrift 1849 ist nur bei
einigen kleineren Denkmälern der Versuch einer kritischen Aus-
gabe gemacht worden. Von den beiden größten biblischen Kom-
plexen der Handschrift stehen die kritischen Ausgaben der Bücher
Mosis und der Gedichte der Frau Ava noch aus, doch ist eine
Edition der Bücher Mosis augenblicklich in Arbeit.

Nach dem Bekanntwerden der Vorauer Handschrift hat sich
als erster Wilhelm Scherer, Quellen und Forschungen 7, S. 56 ff.,
mit der Jüngeren Judith auseinandergesetzt, trug allerdings in
der Hauptsache Stilkriterien zur Charakterisierung des Dichters
zusammen und verwandte sie als Beispiel für die Verdeutschung
biblischer Stoffe in der frühmittelhochdeutschen Zeit. Durch ihn
wurde die Dissertation Joseph Pirigs (Untersuchungen über die
sogenannte jüngere Judith, mittelhochdeutsches gedicht der über-
gangsperiode. Diss. Bonn 1881) angeregt, die die Sprache des
Gedichts und die Heimat des Dichters gar nicht erörtert und text-
kritische Probleme nur streift. Die dann folgende Spezialliteratur
beschränkt sich wiederum in der Hauptsache auf die Unter-
suchung der Sprache und das damit zusammenhängende Problem
der Heimat des Gedichts. So wurde es zuerst von Albert Waag,
Beitr. 11 (1886), S. 77 ff., nach einer sehr unzuverlässigen Unter-
suchung in Oberdeutschland angesiedelt; in einigen Wort- und
Lautformen sah Waag Einflüsse des Alemannischen. Diesen Er-
gebnissen der Waagschen Untersuchungen haben sich seitdem
Paul Piper, Die geistliche Dichtung des Mittelalters, I., Nr. 7,
Gustav Ehrismann, Geschichte der deutschen Literatur II, 1,
S. 108, und Edward Schröder, ZfdA. 67 (1930), S. 75 ff., an-
geschlossen. Schröder wirft gleichzeitig einige Beispiele aus dem

Wortschatz in die Debatte, doch muß die enge wortgeographische Festlegung von *tinchel unde weize* zweifelhaft bleiben. Ganz zuletzt noch folgt Hermann Menhardt, Beitr. 78 (Tübingen 1956), S. 425, den Waagschen Ergebnissen.

Bei der Lokalisierung des Gedichts innerhalb Oberdeutschlands weichen dabei die einzelnen Verfasser etwas voneinander ab: so nimmt z. B. Schröder Niederösterreich als Heimat des Gedichts an, Menhardt läßt dagegen in eine alemannische Vorlage durch den nordbairischen Schreiber die »bei Waag aufgezählten md. Eigentümlichkeiten« geraten. Albert Leitzmanns Wortschatz-untersuchungen der Jüngeren Judith (Lexikalische Probleme in der frühmittelhochdeutschen geistlichen Dichtung. Abhandlungen der Preußischen Akademie der Wissenschaften, Jahrgang 1941. Phil.-hist. Klasse Nr. 18. Berlin 1942, S. 20–27) bringen ihn als einzigen zu dem Ergebnis, »daß wir ... österreichische Heimat ablehnen können« und daß das Gedicht »wohl in eine weit west-lichere Gegend« gehört, »wenn man auch Bedenken haben mag, mit Waag bis ins alemannische Gebiet auszuwandern« (S. 27). Er weist als erster auf mitteldeutsches, nämlich rheinfränkisches Sprachgebiet.

Für sechs kleinere Gedichte der Vorauer Handschrift (Ezzo, Summa Theol., beide Salomo-Gedichte, Drei Jünglinge im Feuer-ofen und Ältere Judith) ist inzwischen anhand der Reime mit-teldeutscher Dialekt nachgewiesen, obwohl die frühmittelhoch-deutsche Reimtechnik nicht so fest ist wie die zur Zeit des reinen Reims und daher der Nachweis eindeutiger Dialektformen oft auf größere Schwierigkeiten stößt. Dennoch haben sich auch bei den Untersuchungen unseres Gedichts über die bei Waag auf-gezählten mitteldeutschen Eigenarten hinaus so viele mitteldeut-sche Laut- und Wortformen ergeben, daß die Jüngere Judith den oben genannten mitteldeutschen Denkmälern der Vorauer Hand-schrift angeschlossen werden kann.

Im folgenden werden kurz die lautlichen und Formenände-rungen des kritischen Textes gegenüber der Handschrift zusam-mengefaßt.

VI

1. Offensichtliche Verschreibungen (wie ausgelassene oder ver-
   tauschte Buchstaben usw.) sind stillschweigend gebessert, hoch-
   gestellte Buchstaben, seien sie als Korrektur nachgetragen
   oder, wie *e* öfter nach *d*, von vornherein hochgestellt, auf die
   Zeile herabgezogen. Nur wesentliche Eingriffe in die Hand-
   schrift (z. B. ergänzte Wörter und Verse) sind durch Kursiv-
   druck kenntlich gemacht.
2. Interpunktion ist nur verständnisstützend gesetzt.
3. Bei den Namen ist Großschreibung durchgeführt; sie werden
   in der Form der Handschrift beibehalten.
4. Lange Vokale werden durch Zirkumflex gekennzeichnet.
5. Die ganz vereinzelten Sproßvokale der Handschrift sind ge-
   tilgt.
6. Die Schreibungen *u, v, w* und *i, j* werden in der üblichen Weise
   differenziert.
7. Die Schreibungen *ů, ŏ, ov* der Handschrift sind normalisiert.
8. Der Umlaut in Hs. *elliv* wird, obwohl die ersten *elliu*-For-
   men schon in althochdeutscher Zeit begegnen, noch nicht
   durchgeführt, da in unserm Gedicht der Flexionsvokal *-û*
   angesetzt werden muß.
9. Die Schreibungen *ai, ei* und vereinzelt *æi*, die ohne etymo-
   logische Unterschiede verwendet werden, sind zu *ei* aus-
   geglichen. Bei den drei monophthongen Belegen *e* für *ei* wird
   der Diphthong wieder hergestellt, die Doppelformen *bêde,
   beide* werden beibehalten.
10. Der Umlaut des *â* wird, wo nicht archaischer Reim vorliegt,
    da als *ê* durch Reim erwiesen, überall zu *ê* ausgeglichen, auch
    wo er in der Handschrift nicht bezeichnet ist.
11. *iu, uo* und altes *û* fallen in den Monophthong *û* zusammen.
    uo bleibt im Reim auf *ô*, der dem Dichter vielleicht schon
    bekannte Umlaut *üe* wird nicht bezeichnet. Ebenso ist die
    Monophthongierung von *ie* zu *î* durchgeführt, wobei *î* vor
    Nasalverbindung, wie z. B. in *ginch, vinch* usw., gekürzt ist.
12. Die Flexionssilben haben durchaus den Vokal *e. i* ist durch-
    geführt in *-ich* und dem Superlativsuffix *-iste*. Die vereinzel-

ten vollen Präteritalvokale der schw. Verben II, die die Handschrift belegt, werden beibehalten.

13. Synkope und Apokope der Handschrift ist, wo es metrisch möglich ist, zur md. vollen Form ausgeglichen. Bei der meist vor *n* und *w* obd. synkopierten Vorsilbe ge- wird das *e* wieder eingesetzt.

14. Einfache und Doppelschreibung der Konsonanten wird normalisiert. In *heizen*, das stets auf Wörter mit *zz* reimt, wird in diesen Reimen die bis ins Mhd. gebräuchliche Doppelschreibung der Doppelspirans beibehalten. Die eindeutige intervokalische Affrikata wird mit *tz* wiedergegeben, da das Zeichen *z* doppeldeutig ist.

15. Die Schreibung *ʃ* und *s* ist, da auch in der Handschrift nicht streng nach An-, In- und Auslaut getrennt wird, zu *s* ausgeglichen.

16. Die drei verschiedenen *z*-Typen der Handschrift sind in *z* zusammengefaßt.

17. Anlautendes *t* und *p* für *d* und *b* nach Fortis wird zu *d* und *b* ausgeglichen, da die Lautabstufung nicht regelmäßig durchgeführt ist. Ausgenommen hiervon ist *halsperge*, dessen *p* im Mhd. neben *b* auch fest geworden ist.

18. Die nicht regelmäßig durchgeführte Erweichung von *t* zu *d* vor *l*, *n*, *r* ist in dem von der Handschrift überlieferten Stadium belassen.

19. Vereinzelte auslautende *d* der Handschrift werden zu *t*, das gebräuchlich ist, ausgeglichen.

20. Altes *sk* ist analog den häufigen *sch* der Handschrift zu *sch* ausgeglichen.

21. Die inlautende bilabiale Spirans in *aver* und *heven*, die kein engeres mundartliches Kennzeichen, sondern allgemein mhd. ist, ist beibehalten.

22. Auslautendes *b* und *p* bleibt im Versinnern und im identischen Reim unberührt nebeneinander stehen und wird nur im assonantischen Reim auf *t* zu *p* ausgeglichen.

23. Die Schreibung *ch* für *k* und für auslautendes *g* ist beibehal-

ten; die wenigen *c* und auslautenden *g* sind entsprechend aus-
geglichen. *ch* für *ck* wird *ck* geschrieben.

24. Vereinzelte *ch* für *g* im Anlaut werden zu *g* ausgeglichen,
ebenso einigemal zu *c* verhärtetes *g* vor *t*.

25. Die Schreibung der palatalen und velaren Spirans wird vor
t als *h*, sonst als *ch* durchgeführt.

26. Für *manic, menige* werden die Doppelformen der Hand-
schrift beibehalten.

27. Für den Acc. pl. masc. des Personalpronomens wird das fast
ausnahmslos in der Handschrift belegte *ſiv* für den Dichter
als *sû* angesetzt; der Acc. sg. fem. ist in der Handschrift über-
wiegend *ſie*, deshalb wird auch *ſi* und *ſe* zu *sî* (= *sie*) aus-
geglichen.

28. Das sogenannte erweiterte Relativum erscheint in der Hand-
schrift in den Formen *da* und *der*, die unangetastet bleiben.

29. Die Präposition *ane, an* wird in der oft belegten einsilbigen
Form durchgeführt, das Adverb hat Doppelformen, die im
Reim je nach dem Reimwort angesetzt werden.

30. Das Adverb *dô*, das in der Handschrift überwiegend mit *dû*
wiedergegeben und als *dû* im Reim gestützt ist, wird, außer
in den drei Reimen auf *-ô*, zu *dû* ausgeglichen, auch wenn die
Schreibung *dŏ* vorliegt.

31. Die Konjunktion *unde* (in der Handschrift häufig *uñ*) wird
überall in ihrer vollen Form gesetzt, wo es metrisch zulässig
ist, sonst zu *unt* gekürzt.

32. *ivht, nivht, nieht, neuht* der Handschrift werden, da *nîht*
durch Reim bewiesen ist, zu *îht* und *nîht* ausgeglichen.

33. *wol* ist in der md. Form *wal* im Reim bewiesen und erscheint
entsprechend auch im Versinnern.

34. Die Negationspartikel *ne* wird ihrem rhythmischen Charak-
ter nach enklitisch angeschlossen und damit in den meisten
Fällen die Schreibung der Handschrift beibehalten; *en*, das
rhythmisch proklitisch ist, wird mit dem folgenden Wort zu-
sammengeschrieben.

35. Das Suffix -*lich*, *lîch* steht im Reim je nach dem reimenden Wort mit *i* oder *î*. Im Versinnern steht nur -*lich*.

36. Für das Praeteritum von *komen* werden überall die durch Reim bewiesenen md. Formen *quam*, *quâmen* für die in der Handschrift überlieferten obd. Formen eingesetzt. Gekürztes obd. *chom* für Infinitiv und Partizipium praet. wird zu im Reim bewiesenem *chomen* erweitert.

37. Die Formen *ſcoln*, *ſcholn*, *ſoln* der Handschrift werden zu *soln* ausgeglichen.

38. Die Doppelformen *mahte*, *mohte* der Handschrift werden beibehalten.

39. Die vollen und kontrahierten Formen von *haben* verteilen sich folgendermaßen: wo *haben* Hilfsverb ist, steht, auch gegen die Handschrift, im Praes. *hân*, *hâst*, *hât*, *hânt* (im Reim gestützt), im Praet. im Versinnern oft belegtes *hete*, Konj. *hête* (*hiete* der Handschrift wird entsprechend ausgeglichen); in allen andern Fällen stehen die vollen und kontrahierten Formen nebeneinander.

40. Die durch Reim bewiesene Form des Wortes *vürste* ist immer, auch im Versinnern, *vorste(n)*. Dasselbe gilt für *urloup*, das nur als *urlop* erscheint.

LITERATUR

Die deutschen Gedichte der Vorauer Handschrift (Kodex 276 – II. Teil). Faksimile-Ausgabe des Chorherrenstifts Vorau unter Mitwirkung von Karl Konrad Polheim. Graz 1958 (Jüngere Judith: Blatt 100 c bis Blatt 108 d).

Diemer, Joseph: Deutsche Gedichte des XI. und XII. Jahrhunderts. Wien 1849 (Jüngere Judith: S. 127–180; Anmerkungen: Anhang S. 48–57; Moriz Haupts Vorschläge sind im Apparat nicht namentlich gekennzeichnet).

Leitzmann, Albert: Lexikalische Probleme in der frühmittelhochdeutschen geistlichen Dichtung. Aus den Abhandlungen der Preußischen Akademie der Wissenschaften, Jahrgang 1941. Phil.-hist. Klasse Nr. 18. Berlin 1942. 3. Jüngere Judith, S. 20–27.

Menhardt, Hermann: Zur Herkunft der Vorauer Handschrift. Beitr. 78 (Tübingen 1956), S. 394 ff.

Monecke, Hiltgunt: Die Jüngere Judith der Vorauer Handschrift. Untersuchungen und kritische Ausgabe. Diss. (masch.) Hamburg 1961 (dort ausführlichere Anmerkungen zum Text).

Piper, Paul: Die geistliche Dichtung des Mittelalters. I. Die biblischen und die Mariendichtungen. Berlin und Stuttgart (1888), S. 204 ff.

Pirig, Joseph: Untersuchungen über die sogenannte jüngere Judith, mittelhochdeutsches gedicht der übergangsperiode. Diss. Bonn 1881. *Rezension:* Elias Steinmeyer, Anz. 7 (1881), S. 332 f.

Scherer, Wilhelm: Geistliche Poeten der deutschen Kaiserzeit. Quellen und Forschungen 7. Straßburg und London 1875, S. 56–59.

Schröder, Edward: Zur deutschen Litteratur des Zwölften Jahrhunderts. 2. Zur Jüngeren Judith. ZfdA. 67 (1930), S. 75 ff.

Waag, Albert: Die Zusammensetzung der Vorauer Handschrift. Beitr. 11 (1886), S. 77 ff.

de Boor, Helmut: Frühmittelhochdeutscher Sprachstil I. ZfdPh. 51 (1926), S. 244 ff.

Braune, Wilhelm: Zur Kenntnis des Fränkischen und zur Hochdeutschen Lautverschiebung. Beitr. 1 (1874), S. 1 ff.

Hertel, Engelbert: Die Verse von mehr als vier Hebungen in der frühmittelhochdeutschen Dichtung. Diss. Marburg 1908.

Heusler, Andreas: Deutsche Versgeschichte, mit Einschluß des altenglischen und altnordischen Stabreimverses. Pauls Grundriß der germanischen Philologie. 3. Auflage, Band 8, 1–3, 1925, 1927, 1929.

Maurer, Friedrich: Langzeilenstrophen und fortlaufende Reimpaare. Der Deutschunterricht, Beiträge zu seiner Praxis und wissenschaftlichen Grundlegung. Hrsg. von Robert Ulshöfer. Heft 2 (1959), S. 5 ff.

Pretzel, Ulrich: Frühgeschichte des deutschen Reims. Erster Band. Leipzig 1941. Palaestra 220.

Deutsche Verskunst. Mit einem Beitrag über altdeutsche Strophik von Helmuth Thomas. Deutsche Philologie im Aufriß. Hg. v. Stammler, III, Bln 1957, Sp. 2327–2466, [2]Bln 1962, Sp. 2357–2546.

Schirokauer, Arnold: Studien zur Mittelhochdeutschen Reimgrammatik. Beitr. 47 (1923), S. 1 ff.

Wesle, Karl: Frühmittelhochdeutsche Reimstudien. Jena 1925. Jenaer Germanistische Forschungen Nr. 9.

Zwierzina, Konrad: Der Reimgebrauch Hartmanns und Wolframs. Festgabe für Richard Heinzel. Abhandlungen zur Germanischen Philologie. Halle 1898, S. 437 ff.

Mittelhochdeutsche Studien. ZfdA. 44 (1900), S. 1–116; 249–316. ZfdA. 45 (1901), S. 19–100; 253–313; 317–419.

Nû vernemet, ir lîben lûte: Hs. 100 c *Die. 127*
ich wil û gerne sagen ze dûte
eine rede vil wunnesame:
dâ muget ir gerne denchen ane.
5   derne solde mich nîht erdrîzen
mahte ich ir genîzen
vor den nîdêren
dî vil ofte phlegent ze beswêren
des mannes mût.   Hs. 100 d
10 der dem lûte îht ze gûte getût
mit sîner gûten lêre
des sint sî spottêre.
daz sî phlegent ze schelten
daz mugen sî bringen selten
15 unde enlâzent iz doch âne nît nîht:
dar umbe mûzen sî verlîsen daz êwichliche lîht.
    Ich wil û sagen von unserm heilêre,
wî manige lêre
er uns vore hât getragen,
20 dî uns vil wale mugen behagen,
an dem êbrêischem dîte:
dî wîl iz sîn gebot gehîlte
sône mohte im nîht leides ergân:
swer sû mit arge wolde bestân
25 der mûse des enallen gâhen
wal grôzen schaden enphâhen,   *Die. 128*

22 *fehlt Hs. — Vgl. V. 560.*   Jüngeren Judith, S. 48–57
    Diemer, Deutsche Gedichte   (im folgenden Die. Anm.)
    des XI. und XII. Jahr-   127, 21 daz irscein div
    hunderts, Anmerkungen z.   wile iz sin gebot behabete

alsô an disem lîde ist vil gût schîn,
wî er sû beschirmôte mit einem blôden wîbelîn
unde mit welcher schande
30 er Nabuchôdônôsors her sande wider ze lande.
(dazne wirt *û* nîht verdaget
izne werde û allez gesaget.)
swenne aver sî gechêrten
von dem ir trehten,
35 daz sî sînem gebote nîne wâren undertân,
daz mûse sâ an ir schaden gân,
sô wurden sî von den heiden
bedwungen mit manigen leiden,
unze sî danne getâten widerchêre
40 zû ir rehten scheffêre:
sô half er danne drâte
ûz maniger slahte nôte. –
dâ lâze wir dise rede stân
unde grîfe wir daz lît an.

45 Artarxersis [ein chunich hêr unde rîch] der saz
ze Perse in sînem rîche.   [geweltichlîchen
ouch dînten im dâ bî
ein lût heizent Mêdî.
dar zû habete er bedwungen
50 manige heidenische zungen,
daz sî im [den] zins gêben
unde sîn ze hêrren jêhen.
er zimberôte ouch eine stat
nâch sîner chunichlichen chraft,
55 dû was sô wundern chreftich,   *Die. 129*
daz ir nînder neheinû was gelîch: Hs. 101 a

27/28 *Hs. Reimpunkt auch*   37 *Hs.* wrden ſi ſa
nach lîde *und* beschirmôte   41 *l. ev.* half ers
30 *l.* her wider sande?   45 *Hs. Reimpunkt nach* rîch
31 *Hs.* ivch   48 *Hs.* einiv livte div

2

dû was Egbatanis geheizzen,
dâ was manich heidenischer man inne gesezzen.
   Dar umbe ginch ein burchmûre vile breit,
60 manich quâderstein was dar ane geleit.
dazne was ouch nîht vermiten
dâne lêgen ane steine wêhe gesniten
mit maniger slahte wunder.
dî turne sazte er dar under.
65 dû mûre was sibenzich chlâfter hôch
(alsô sagent uns dû buoch [noch]),
si was vil gereite
drîzich chlâfteren breite.
dâ stunt ûfe vil manich zinne,
70 dî turne dar inne
dî wâren zehenzich chlâfter hôch
alse iz der rîche chunich gebôt.
in wâren dicke die wende
zweinzich chlâfter von nidene unze obene an daz ende.
75 dâ saz er inne mit êren
mit manigem heidenischem hêrren
dî im alle wâren undertân.
er hete manigen heidenischen man
an der stunde zesamene brâht,
80 vil michel was dû sîn chraft.
daz mûse aver allez zegân   *Die. 130*
dû er sîn got nîne wolde sehen an,
noch er dem nîne wolde lob geben
von dem er dâ habete daz leben.
85   Daz stunt alsô zewâre
unze an dem zwelftem jâre,
daz er alsô chunichlîchen was gesezzen:
er wolde jouch nîht wizzen,
daz iemen sô geweltich wâre.

58 *ev.* heidenischer *zu streichen*   88   jouch] *Hs.* hŏch. *Die.*130,8 *A.*
83 *Hs.* noch er ſin dem niene   ioch; *Die. Anm.* 130,8 ouch

3

90 daz sage ich û zewâre:
dû was ein chunich ze Niniwê gesezzen,
der was Nabuchôdônôsor geheizzen,
der habete ouch wîten gewalt
unde vûrte manigen helt balt.
95 sîn lant hîz Assyriâ,
er habete gewunnen dâ
vil gûter chnehte:
er wolde im sâ mite vehten.
nû riten sî zesamene,
100 michel was ir menige,   Hs. 101 b
michel wart daz walbluot:
dâ gelach manich man tôt,
der [ir] deweders nî nîht genôz,
wêre daz, daz er den lîp dâ verlôs.
105 dâ starb manich ros unde man,
Nabuchôdônôsor den sich genam.
Arfaxat der geweltige chunich sâ
der gelach tôt dâ.
    Ich wil û sagen zewâre
110 wâ sî zesamene quâmen,
swî ir *ir* nîne muget erchennen,
doch wil ich û dî stete nennen:
Ragau heizet ein michel velt,   *Die. 131*
dâ slûgen sî ûf ir gezelt
115 zwischen zwein micheln wazzern,
daz eine ist Eufrâtes geheizzen,
daz ander heizet Tygris:
dâ vâhten sî gewis.
an einem breitem velde,
120 Jadâsan heizet daz selbe,
an eines andern chuniges marche
dâ wart gevohten daz volchwîch alsô starche:

103 *cv.* ir *zu streichen*

4

der was geheizen Erioch,
alsô sagent uns dû buoch [noch].
125 daz sagen wir û ze dûte:
der was chunich Elicôrum der lûte.
    Dû Nabuchôdônôsor alsô wal gelanch,
daz er des chuniges rîche allû bedwanch,
dû gehôhter sîn gemûte
130 mit grôzer ubermûte:
er begunde boten ze senden
ze allen den landen,
dî er mohte berîten
vil wunderlîchen wîten,
135 daz sî im [den] zins gêben
unde sîn ze hêrren jêhen.
hêrisch was daz sîn gebot:
er wolde daz sî in ane beten alse erz wêre got.
dar umbe wart er geschendet,
140 sî wurden alle im selben wentlîchen wider gesendet.
    Nû wil ich û nennen dî stete unde dû lant
dare er sîne boten hete gesant:
Cilîciâ heizet ein lant,
dar hete er sînen boten gesant.
145 Damaske heizet ein lant,   *Die. 132*
dar ouch der bote gesendet wart.
ein berch heizet Lybanus,
dar quam ouch dû boteschaft alsus,
dî dâ vorsten wêren,
150 daz sî im [den] zins gêben.
dî sitzent in Carmelô
ze den sante er ouch alsô,
daz arme unde rîche
im den zins sanden gelîche.   Hs. 101 c
155 sîne boten quâmen ouch dar
zeiner stete heizet Cêdar.

125–131 *Nachtrag (6 Zeilen gedrängtere Schrift, aber innerhalb der
Spalte) in der Hs.*

in Galyleam
dî selben boteschaft man vernam:
daz ist ein chreftich lant,
160 dar wart dû selbe boteschaft ouch gesant.
Esdrelon heizet ein gevilde breit,
dar quam dû selbe boteschaft, daz was *in* innerchlîchen leit.
ein stat heizet Samâriâ,
dî boteschaft vreiste man ouch dâ.
165 von Babylôniâ unze uber dî Jordanâ
quam des chuniges boteschaft sâ,
unze hin ze Jerusalêm wart geseit
des rîchen chuniges toleheit.
Jesse heizet ein lant,
170 dar wart dû boteschaft gesant,
unze in Êthiôpiam
des chuniges boteschaft man vernam.
den allen was vil leit
des selben chuniges toleheit:
175 sî sanden im mit schanden
sînen boten heim ze lande
unde âne aller slahte êre,
des engulten sî dar nâch vil sêre.
   Dû der rîche chunich vernam daz
180 daz im hine wider enboten was,   *Die. 133*
iz was im vil unwert,
er sprach, iz mûse rechen sîn swert.
er swûr bî sînem rîche:
er wolde sû bedwingen al gelîche.
185 an dem drîzehenten jâre
daz er *gerîchsenet* hete zewâre,

162 in] *fehlt Hs.*
165 *Hs. Reimpunkt nach* Baby-
lôniâ. — *Hs.* iordanach
184 *fehlt Hs. Von Pirig, S. 57,*
ergänzt

186 gerîchsenet *Diemer, Deut-*
sche Gedichte des XI. und
XII. Jahrhunderts, Jüngere
Judith, S. 127–180 (im fol-
genden Die.) 133, *A.* 4]
Hs. gefzîenet

6

dâ sprach er sînen hof dû,
dâ ladte er dî vorsten zû.
herzogen unde grâven,
190 alle dî dî imme rîche wâren
unde ander manige helde
dî quâmen ze dem gesemde.
armmen jouch dî vorsten
dî wal vehten getorsten
195 dî nam man alle an den rât.
der chunich sû gemeinlîchen bat,
daz in sîne wende wêre leit,
er wolde in dar umbe îmêr sîn gereit
ze allen ir nôten.
200 sî sprâchen, iz gerne têten.
der chunich sû dû innen brâhte
wes er im gedâhte,
daz *er* allû dû lant
wolde bedwingen in sînen gewalt.
205 Dû dî vorsten vernâmen sîn gemûte al
iz gevîl in innerchlîchen wal.
sî wâren alle vil gereit
ze rechen des chuniges leit
unde *wolden* sû bedwingen
210 al nâch sînen willen.
dû rede gevîl dem chunige wal,
michel wart der herschal,   Hs. 101 d
er besamte sich grôzlîchen
ûz allen sînen rîchen.
215 sî wâren alle gereit dû.
er gab in einen vener dar zû
der daz her solde leiten
uber marche dî breiten,   *Die.* 134
den sî alle ane sêhen
220 unde im meisterschefte jêhen.
Der was geheizen Holofernes.

7

der chunich gedâhte im des,
daz in dem lande newêre
ein man sô rîcher noch sô hêrer
225 der daz her baz mohte beleiten
unde im dû lant bereiten
ze sînem dîniste.
er was im ouch der lîbiste,
er was ein helt vil vrumich:
230 er wart sâ des hers chunich.
sî dînten im mit êren
unde hîzen *in* alle ir hêrren.
er was ein helt êrlîch.
zû im sprach der chunich hêr unde rîch:
235 ›Holofernes, mîn vil lîber man,
dû solt ûz an dû rîche varen,
dû bedwinch dû al gelîche
gegen ôsterrîche
unde îdoch aller meiste dû lant
240 dû mir mînen boten wentlîchen hânt wider gesant,
unde bedwinch bêdû gelîche
dî stete jouch dû chunichrîche.‹
    Alsô er dî rede vernam,
hei! wî schîre er ûf quam!
245 er vorderôte dî hêrren,
daz sî im hulfen ze sînes hêrren êren.
er gewan manigen chûnen man,
daz her wart vreissam.
ich wil û sagen zewâre,
250 zwî vil iz gahtet wâre: *Die. 135*
uns saget daz bûch er hête gewunnen [sâ]
zehenzich unde zweinzich tûsent venden [dâ],
dî wâren alle gereite

---

224 *l. ev.* ein man rîcher noch   235/236 man: varen *vgl. V.*
sô hêrer   1400/1] *Hs.* uarn
                                              252 *Hs.* ʒawanincich

8

zû der herverte
255 mit ir wîchgezûge.
daz ich û nîne lûge:
er habete dannoch hers mêre
zû sînes hêrren êre:
zwelf tûsent gûter chnehte
260 dî wal getorsten vehten,
dî alle geschutze vûrten
unde des hers hûtten.
michel was *der herschal*,
er vûrte olbenten âne zal,
265 sî mohten chûme haben weide,   Hs. 102 a
dî trûgen daz ir getreide.
sî vûrten vil wagene
mit spîse geladene,
hirze unde hinden,
270 sî vûrten vil rinder,
schâf unde geize,
tinchel unde weize.
von silber unde von golde
vûrte er swaz [sô] er wolde:
275 daz gab im der chunich âne mâze.
er vrumte in ûf dî strâze,
daz er ê îht wider sunne
ê er dû lant allû gewunne.
    Dû velt wâren alle bedaht
280 von des micheln hers chraft,
daz sage ich û zewâre,
sam iz allez *houschrecken* vol wâre.
dû sî gevûren ûzer Assyriâ
dû quâmen sî sâ   *Die. 136*
285 dâ sî vunden berge hôhe
des landes Augêe.

263 *Hs.* des herſ ſchal   282 *Hs.* haberſcrechen

9

dâ chêrten sî ze der winstern hant
ze Cilîciâ in daz lant,
sî stiften roub unde brant,
290 ir chastel sî gewunnen,
dî stete sî bedwungen,
sî brâchen in ir veste,
sî wâren in leide geste.
sîne mohten in nîht gestrîten,
295 sî mûsen in durch nôt entwîchen.
sî bedwungen sû *mit* einer micheln chraft,
sî wurden alle zinshaft.
sî beroubten eine vil rîche stat,
daz sî mêre nînder vunden ir gat,
300 Mêluht was der ir name:
sî vûrten micheln roub danne.
    Dû vil michel herchraft
dû chêrte an alle dî lantschaft
dû in engegenwurde was.
305 zewâre sage ich û daz:
daz wâren allû dû lant
dû û nû werdent vor benant:
ein chunichrîche heizet Tharsys,
daz roubten sî gewis.
310 ich wên, daz sî dû Ismahêles chint
ouch roubten dî engegen der wûste gesezzen sint.
hin enôsten roubten sî ouch
Chelmon, heizet ein lantvolch.
sî vûren uber ein wazzer,
315 Eufrâtes ist iz geheizzen,
unde roubten ein lant dâ,   *Die. 137*
daz heizet Mesopotâmiâ.
sî brâchen in ir veste,
sî wâren in leide geste.
320 unze an daz wazzer Mambrê –
dare enquam nî dechein her sô grôzez ê –   Hs. 102 b

unze an daz ôstermere
vûr daz chreftige here.
sî bedwungen dû lant dâ
325 unze an daz mere von Cilîciâ.
    Holofernes der chreftige man
der vaht dû rîche allû an.
sîne mohten im nîht wider stân,
sî mûsen im werden undertân.
330 Jafeth unze an daz ende
daz bedwanch er mit michelre menige
(daz was hin enôsten ouch gelegen),
dî mûsen sînem hêrren ouch [den] zins geben.
er vûrte von Madiam
335 vil manich wîb unde man
dî er hete gevangen:
er wolde sû vûren danne.
er vûrte micheln roub danne,
an dem lûte wart michel mort begangen.
340 sî werten sich mit grimme,
er mohte sû ubele gewinnen.
des churn sî alle den tôt
dî im nîne dînten âne nôt.
dî er mit volchwîge gewan
345 uber dî mûse sîn zorn gân.
    Holofernes der hêrre
daz her hîz er hine ze Damaske chêren,   *Die. 138*
daz was in dem snite,
dû wolde er in vehten mite.
350 er verbrante in ir chorn,
er wolde sî wêren schîre verlorn.
ir wîngarten er dû brante
ê er vur dî burch rante.
er wûste allez daz lant,

349 *Hs.* mit uchten

11

355 michel wart der herbrant.
in vorhten allû dû lant zewâre
dû dar *umbe* lâgen.
sî werten sich mit grimme,
er mohte sû ubele gewinnen.
360 dochne mohte im nîht wider stân,
sî mûsen im werden undertân.

   Man vreiste wîten daz,
daz im nîman gesaz,
sî mûsen alle gelîche
365 Holoferne entwîchen.
er wart mêre vil vram,
im mûse durch nôt entwîchen vil manich herman.
sî santen im ir boteschaft,
sî wolden im wesen zinshaft,
370 im unde sînem hêrren
dînen îmer mêre.
›dû solt dînem zorne entwîchen   Hs. 102 c
unde entlîp unsern rîchen!
wir wellen dem chunige [Nabuchôdônôsor] gerne dînen,
375 ê wir den lîp verlîsen.
wir wellen im sîn undertân,
wir wellen in zeinem gote hân!
wir bîten dich unser dînist an:
hêrre, nû chum uns vridesam!‹   *Die. 139*
380   Alsô er daz vernam
dî berge er rûmen began,
dâ er mit dem here gesezzen was.
zewâre sage ich û daz:
dû bereit er dî stete unde dû lant
385 dî im ir boten heten gesant
unde behabete sû sînem hêrren

357 umbe] *Hs.* ubibe   363   *Hs.* niemen

mit michelen êren.
sî vûren im alle engegene
mit michelre menige,
390 mit silber unde mit golde:
sî gewunnen sîne hulde.
mit vigelen jouch mit gîgen,
mit rotten jouch mit lîren,
mit härphen jouch mit springen,
395 mit tanzen jouch mit singen
quâmen sî im engegene
unde vristen ir lebene.
swî sî im gêben vil gût,
sîne mohten im nîht gesenften sînen mût
400 erne brêche in ir stete unde ir goteshûs,
ir apgot warf er dar ûz.
  Nû vernemet waz er dar ane rach,
daz er in ir goteshûs brach:
daz was des chuniges gebot,
405 daz er alle ir got
vil gar zevûrte
unde sû an in chêrte,
daz sî mûsen beten an in,
wande er wolde got hî enerde sîn.
410 Holofernes der durchreit dû lant
unde bedwanch sû allû in sînes hêrren gewalt.
dû lant habete er bedwungen dâ uber al,
danne vûr er in Siriam Sobal   *Die. 140*
(sô heizet ein lant lît vil vram),
415 danne vûr er in Apâmiam
(sô heizet ein lant lît ouch dâ),
daz bedwanch er ouch sâ.
dû quam der helt vile vram

387 *fehlt Hs. — Vgl. Vulg.* 3,   397   *l.* bâten vristen *(Pretzel)?*
7. *Die. Anm.* 139, 8 ze vil
michelen êren

13

in daz lant Mesopotâmiam,
420 dû bedwanch er ouch Idumeam.
dû quam er zeiner stete dâ
dû was geheizen Gabaâ.
zewâre sage ich û daz:
Holofernes drîzich tage dâ saz
425 in sîner hêrschefte.
dâ geintrifte er daz her in sîner chrefte,
wande er grôze helfe hete gewunnen   Hs. 102 d
von den landen dû er hete bedwungen.
    Dû vernamen iz sâ
430 Israhêlîte dî dâ wâren gesezzen *in* Judeâ.
sî sorgeten vile harte
ze sîner zûverte.
man sagete in vil michel heise.
sî wâren in grôzer vreise.
435 sî vorhten er quême ze Jerusalêm sâ
unde zebrêche dî sam er hete getân alswâ
unde zebrêche daz ir goteshûs
unde nême daz ir heilichtûm dar ûz
sam er den heiden hete getân.
440 sî digeten got vaste an,
daz er durch sîne guote
sîn lût vor den heiden beschirmôte.
sî sanden ir boten sâ dan
in dî stat Samâriam.
445 ir boteschaft quam ouch dô   *Die. 141*
in dî stat ze Jerichô.
sî besamnôten sich engegen den leiden gesten,
dî berge begunden sî vesten,
sî bemûreten ir stete grôze,
450 sî wolden sich wern ir ungenôze.

430 in] *fehlt Hs.*   436 *l.* anderswâ ?
433 heise] = eise   448 *Hs.* berge ſi begunden ſi

14

sî rusten sich wal mit spîse,
sî habeten râtgeben wîse.
    Heliachim der wîse,
der juden bischolf rîche
455 der sande brîve manige
allenthalben in daz lant danne
ze den lantburgen grôzen,
ze den ir hûsgenôzen.
ein stat heizet Esdrelon,
460 dar des bischolves brîf quam,
dû stêt engegen einem gevilde breit.
er hîz sû alsô wesen gereit,
daz sî dî berge vingen
dâ dî engen wege durch gingen
465 hin ze Jerusalêm,
swâ sî dî mohten verstên,
daz man in daz erwerte
swâ sî der mohten haben dechein geverte.
    Dî juden dî tâten daz
470 alsô in von hove geboten was:
sî besazten dî berge,
sî wolden sich weren gerne,
sî rûften al gelîche,
daz sû got genêdechlîchen
475 durch sîne *gûte* getrôste
unde sû von den heiden erlôste.
sî vasten al gelîche
arme unde rîche,
bêdû chint unde wîp,   *Die. 142*
480 daz sû got erhôrte enzît,
ê sî wurden zevuoret   *Hs. 103 a*

---

451 sich] *Hs.* fiv   475 gûte *Die. Anm.* 141, 26]
473 sî *Die. Anm* 141, 24] *fehlt*   *fehlt Hs. – Die.* 141, *A.* 26
    Hs. – Die. 141, *A.* 24 unde   helfe

unde ir goteshûs zestôret,
daz sî îht dînen muosen
den heiden vil bôsen,
485 daz Jerusalêm îht wurde zevuoret
noch ir heilichtûm zestôret.
sî bâten alle gelîche
unde gingen wullîn ze lîche,
daz er in vriste daz leben,
490 daz sî den heiden îht wurden ze spotte gegeben.

Heliachim der gotes êwarte
der trôste sû vil harte,
er hîz sû an ir gebete stân:
sî rûften vaste got an.
495 âne aller slahte zwîvel
sô uberwunden sî den tîvel.
er mante sû dar an
wî dî heiden Moysen den heiligen man
ane wolden vehten:
500 ›dû half im unser trehten,
daz er âne schilt unde sper
uberwant ein vil michel her
nîwan mit dem gebete
daz er emzichlîchen tete,
505 daz sû got sante eine vorten ane,
daz sî alle entrunnen danne.
dâ gedenchet vil wal an,
sô hilfet er û nû sam!‹
sî volgeten sînem râte:
510 ir gebete was ze gote vil stâte.   *Die. 143*
inne wart nî getân solich vorhte,
daz dî êwarte
heten hêrîn gewant an

---

483   *Hs.* mûſen dienen   505   vorten] *Die. Anm.* 142, 24
vorhte!

16

sô sî ze gotes dîniste solden gân,
515 unze an dî selben nôt:
sî vorhten harte den tôt.
 Dû wart drâte chunt getân
Holoferne dem chûnen man,
im wolden dî juden widerstân,
520 sîne wolden im nîht werden undertân,
sî hêten gevangen dî berge,
sî wolden sich weren gerne,
sî hêten dî strâze besezzen
unde hêten sich des vermezzen,
525 dî wîl sî habeten daz leben
sîne lîzen in in ir lant nîmer chomen.
dû begunde [ze] zurnen sêre
Holofernes der hêrre.
er ladete dar sînes hêrren man
530 dî der heten vorsten namen
unde tete in dî rede chunt
unde hîz im ouch ze der selben stunt
dî hêrren dar gewinnen
dî er hete gevangen,   Hs. 103 b
535 daz sî im seiten zewâre
wer daz lût wâre
oder wî michel ir stete wêren –
des vrâgte er dî hêrren –
obe sî îht chuniges habeten,
540 daz sî im daz sageten
wî sî im getorsten sô versmâhen,

522 *fehlt Hs. – Vgl. V. 472.*   527   ze *ev. zu streichen*
     Die. Anm. 143, 10 si hieten   529   ladete] *Hs.* late
     mit ir wichgeserwe geuan-   534   gevangen *Die. Anm.* 143,
     gen die berge   22] *Hs.* gewngen. – *Die.*
526 *l.* quemen *oder* sîne wolden   143, *A.* 22 gedwungen
     im ir lant nîmer geben ?   541   im] *Die. Anm.* 143, 27 in

daz sî in nîne wolden vridelîchen enphâhen
mêre danne allû dû lant
dû er hete bedwungen in sînes hêrren gewalt!
545   Dû ensprach iz Âchior
(der was hêrre eines lûtes heizet Ammon):
›wil dûz vernemen, hêrre,
ich wil dirz sagen zewâre,
ich wil dir nîht lîgen
550 noch dar ane betrîgen
ichne sage dirz ze dûte
von dem selben lûte.
nûne lâ dirz nîht wesen zorn:
iz ist von den Chaldeis geborn.
555 sî wâren zêrste in Mesopotâmiâ
unze sû vertriben dî Chaldei dâ,
wande sî ubergingen ir gebot
unde newolden nîht beten ane ir apgot.
sî erwelten in einen got
560 unde gehîlten des gebot,
der gewalt hât der himele
unde der erde hî nidene.
ich wil û sagen zewâre:
dû wurden siben hungerjâre.
565 dû vûren sî in Egyptum,
alsô hîz sû ir got tûn.
dâ wâren sî zewâre
vîr hundert jâre.
dâ wûhsen sî sô vaste,
570 daz sû nîmen gezellen nemahte.
von Egyptô der chunich hêr
der tete in menigû leit unde sêr.
michel was ir wûfen,
an ir got begunden sî rûfen.

548 dirz] *Hs.* dirí

18

575 dû half er in drâte
ûz micheler nôte.
    Nû vernim mir, [vil] lîber hêrre,
ich wil dir noch sagen mêre:
dû erslûch er daz Egyptlant   Die. 145
580 unze sî sû mûsen lâzen ûz ir gewalt.
dû vûren sî mit einem vil michelen here
durch daz rôte mere.
dû wolden sî sû ergâhen
unde wolden sû wider vâhen
585 unde wolden sû bedwingen
unde wider in ir dînist bringen.
dû begunden sî vlîhen,
ir got half in schîre:
daz mere was in offen,
590 der wech wart in entlochen.   Hs. 103 c
sî begunden dar durch ze gâhen,
dî Egyptiî wolden sû vâhen:
sî vûren durch daz mere,
daz der ir vîende *here*
595 *verslant des meres* grunt,
daz ir deheiner nî bestunt
der hin heim gesagete daz mêre
wîz in ergangen wêre.
    Dû daz vil michel here
600 quam durch daz rôte mere
dû vunden sî eine wûste dâ
bî dem berge Synâ,
dû ist sô vreissam,

---

577   vil *ev. zu streichen*   daz der ir uiande grunt. —
584   *fehlt Hs. — Vgl. Vulg.* 5,   *Die.* 145, *A.* 12.13 mit dem
      11. *Die.* 145, *A.* 4 die egyp-   vil michelen here / daz der
      tiî wolden siu uahen   ir vîende iegelich gie ze
594/595   here verslant des meres   grunt
      Die. Anm. 145, 13] *Hs.*   599   *Hs.* Derre du

19

dar durch nemohte chomen nîne mêre dechein man.

605 dâ was daz wazzer tûre,

[daz selbe] daz sî vunden daz was sûre,

daz sîn nîmen mohte enbîzen.

daz begunde in sâ sûzen.

sî vûren dar durch vîrzich jâr,

610 er gab in von himele brôt, daz ist wâr.

swer sû mit ubele wolde bestân   *Die. 146*

âne vehten gewunnen sî in den sich an.

zewâre sage ich iz û:

ir got der vaht vur sû.

615 in nemohte nîht wider stân

dî wîl sî in wolden sehen an.

swenne aver sî von im gechêrten

unde einen andern got êrten,

sô wurden sî *gevangen* unde erslagen,

620 sâ mûse iz gân an ir schaden.

alsô aver sî gechêrten an in,

sône mohte in nîht wider sîn.

    Ich wil dir sagen mêre:

vünf chunige hêre

625 dî erslûgen sî drâte

mit ir gotes râte,

unde alle ir holden

dî vrumten sî zû der molden.

ir stete unde ir lant

630 gewunnen sî in ir gewalt:

daz sint, hêrre, dû lant

dû sî nû besezzen hânt.

dû gewan in der ir got:

dî wîl sî habeten sîn gebot

635 dûne mahte in nîht misselingen,

wande ir got newil dehein unreht minnen.

606   daz selbe *ev. zu streichen*   619   gevangen *Die.* 146, *A.* 7

doch enist sîn nîht lange, hêrre mîn,
daz sî heten verlâzen daz gebot sîn:
dû wurden sî zevuoret
640 unde ir goteshûs zestôret.
nû sint sî von den schulden
wider chomen zir gotes hulden,
sî sint nûwens chomen wider in ir lant
ûz der vîande gewalt
645 unde besitzent dise berge,
dâ habent sî veste burge   Hs. 103 d
unde Jerusalêm wider gevangen,   *Die. 147*
dâ ist ir heilichtûm inne.
mîn vil lîber hêrre,
650 nû vorsche vil schîre
obe sî wider sînen hulden îht haben getân:
sô sule wir sû vehten an,
sô mahtû sû bedwingen,
in dînes hêrren gewalt bringen.
655 hânt aver sî wider sînen hulden nîht *getân*
sône muge wir sû nîht bestân,
sône muge wir gestrîten
wider ir got den rîchen,
wande er beschirmet sû zewâre,
660 sô wurden wir geschendet, lîber hêrre!‹
    Dû Âchior geswîgte gar
dî Holofernes helde begunden zurnen al,
sî wolden in gerne erslagen haben,
daz er in dî wârheit mûse sagen.
665 sî sprâchen, wer der wêre, der des hête gejên,
daz sî Nabuchôdônôsor dem chunige mahten widerstên,
›vil blôdez volchelîn
dazne mach ze der vehte dehein vrum sîn!

643 nûwens] *Hs.* nivnî   668 *l. ev.* desne mac *oder* dehein
655/656 getân / sône muge wir   wîs vrum sîn
sû nîht *Die.* 147, *A.* 4

21

daz aver Âchior daz erchenne:
670 sô wir in ir lant ane gewinnen
unde in benemen dî berge
unde in zebrechen dî burge
unde sû gevâhen danne
unde vûren heim ze lande,
675 sô mûz âne aller slahte nôt
Âchior chîsen den tôt,
sô mûz man vreischen verre, *Die. 148*
daz Nabuchôdônôsor sî got der erde
unde daz âne sîn gebot
680 nemuge sîn dehein ander got!‹
    Der hêrre Holofernes
der vermaz sich des,
daz [daz] sîn wîssagen
im mûse ergân al ze schaden.
685 versêhe aver er sich dâ der wârheit
dazne dorfte im nîht wesen leit.
er hîz vile harte gâhen
Âchior vâhen,
er hîz in vûren an den berch,
690 binden vur der juden burch.
dû nâmen in dî chnehte Holofernis
unde vûrten in uber daz velt vil gewis
unde bunden in obene an den berch
mit wittache vur der juden burch.
695 dû sî dar begunden nâhen *Hs. 104 a*
ûz der stat begunden gâhen
schutzen unde slingâre,
dû wolden sû vâhen zewâre.
sî lîzen in dâ gebunden
700 unde chêrten *sich* wider umbe

683 *zweites* daz *ev. zu streichen*   700 *Hs.* uñ cherten fi
694 *Hs.* wittahe

22

unde îlten vile sêre
hine wider zir hêrren.
   Dû dî burgêre vreisten daz,
daz ein man dâ gebunden was,
705 dû îlten sî alle sâ
ûz der stat ze Bethûliâ.
sî lôsten in vil schîre
unde vrâgten in, war umbe er dar gebunden wêre.
dû seite in Âchior daz,
710 war umbe er dar gebunden was: *Die. 149*
›der hêrre Holofernes
der vrâgôte des,
wer diz lût wâre:
dû sagete ich imz zewâre
715 âne aller slahte lôsheit,
daz was in allen vil leit.
dar umbe hîz er mich gewinnen
unde hîz mich dâ her binden,
swenne er diz lant erwurbe,
720 daz ich danne von sînem swerte ersturbe.‹
   Dû in geseite Âchior
alsô er geredt hete ze Holoferne dâ bevor,
dû vîlen sî alle an ir chnî,
an got dingeten sî î,
725 sî begunden al gemeine
chlagen unde weinen
mit chlagelicher stimme.
sî bâten in ir nôt geringen,
wande er wêre vil gût.
730 sî bâten in sehen ane der heiden ubermût
›unde sich unser dîmût an,
hêrre got Abrahâm!

704–710   *Pretzel schlägt Aus-*
      gleich der Advv. dâ, dar
      vor

715   lôsheit] *Die.* 149, 4 f. bôs-
      heit *(vgl. Anm.* 149, 4)
724   dingeten] *l.* digeten ?

dû erzeige daz dem gedîte,
daz dû nîne lâzest ûz dîner gûte
735 swer sô dir getrûwet
unde in dînem gebote bûwet.
dî sich nîht versehent wêre zir lîbe
dî gedîmûtes dû in einer wîle!‹

Dû der tach was ergân
740 unde daz gebet ende genam
dû begunden sî ze trôsten doch
Âchior den herzoch:
›den got den wir beten an,
den dû den heiden chunt hâst getân
745 der gibet dir dî genâde,   *Die. 150*
daz dû sû ê sihest *erslagen* unde *gevangen*
ê sî daz gesehen,
daz dir dehein leit von in muge geschehen.
unde welle uns got dî genâde geben,
750 daz wir den sich an in genemen,   Hs. 104 b
sô sî er doch der heilêre dîn;
obe dû wellest gelouben an in
unde dich gechêrest an unser leben
sô sol er dir dî genâde geben!‹
755 dû dû rede gendet wart
dû nam sû der êwart,
der gûte Ôzias
der dâ der oberiste was
heim in daz hûs sîn.
760 dû machete er wirtschaft in
allesamt gemeine,
phaffen unde leien,
daz sî sich getrôsten
nâch der chlage grôzen.

---

744 den dû] *fehlt Hs.*   755   *Hs.* gendeti
746 *Hs.* flahen uñ uahen

765 dû daz mûs was ergân
sî vingen daz gebet wider an,
sî gingen wider in daz goteshûs,
sî quâmen dû selten dar ûz,
sî betten al gelîche
770 arme unde rîche,
daz sû got erlôste
von solchem untrôste.
    Alsô iz des andern morgens tagete
Holofernes sich garwete,
775 er hîz daz her sâ
varen vur Bethûliâ.
daz sage ich û zewâre,
daz der venden zehenzich unde zweinzich tûsent wâren.
ich sage û daz ze dûte:
780 er habete zwei unde zweinzich tûsent garwer lûte   *Die. 151*
âne dî dî er hete gevangen,
dî sî vûrten ûz den landen.
sî garten sich alle gelîche,
sî wolden dî stat rîche
785 sâ gewinnen
ane ir widerwinnen.
sî îlten an den berch sâ
hin ze der stete dû dâ heizet Bethûliâ.
an den hôhen bergen
790 begunden sî herbergen.
sî slûgen ûf ir gezelde
an einem breiten velde.
sî bevîngen einen hôhen berch

766 sî vingen daz gebet *Die.*
Anm. 150, 17] *Hs.* ſi uien-
gen ſi. — *Die.* 150, 17 sô
viengen sî
767 gingen] *Hs.* ſi gien ſi

gigen. — wider *ev. zu strei-*
chen
774 *Hs.* garte
785 *l.* sâ ze hant gewinnen ?
791 ûf] *Hs.* uȝ. — gezelde]
Hs. gezelt
792 *fehlt Hs.* — *Vgl. Vulg.* 7, 3

unze hin ze Dotheim vur dî burch.
795 an der andern sîten
lach daz her wîten:
von Belma (heizet ein stat)
unze an den berch Chelmon der engegen Esdrelon stât.
Sâ in allen gâhen
800 dû dî israhêlischen lûte daz her gesâhen
dû vîlen sî nider ze der erde,
sî betten an got vil werde,
mit weinen wâren sî gewaschen,
sî sêten ûf ir houbet den aschen.
805 sî betten alle mit einem mûte,
daz sû got beschirmôte durch sîne gûte.
sî nâmen ir wîchgeserwe,
sî besâzen dî vesten berge,
sî werten in dî strâzen,
810 sîne wolden in in daz lant nîht lâzen,   Hs. 104 c
sîne wolden ê nîht gâhen
unze sû von himele helfe gesâhen.
  Nû was geherberget dû michel herchraft,
Holofernes mit lützel lûten der umbereit dî stat.
815 dû vant er daz wazzer   Die. 152
in dî stat vlîzzen,
daz was von ôsten dar în geleitet mit listen:
dâ mite wolden sî dî stat vristen.
dû hîz er sâ îlen
820 unde hîz dî rinnen snîden

800 her] Hs. er
803 Die. Anm. 151, 18] Hs.
     mit wenen waren sî ge-
     waſken. — Kienast niht,
     wên, enwâren sî gewaschen
808 besâzen] Die. 151, 22 be-
     saz[t]en

816 fehlt Hs. — Vgl. Vulg. 7, 6.
     Die. Anm. 152, 1 dû vant
     er daz wazzer daz was
     von ôsten / dar în geleitet
     mit listen. Die. ebenda dû
     vant er daz wazzer / daz
     was von ôsten / ... listen
817 von] fehlt Hs.

26

unde erwerte in daz wazzer dâ:
dannoch nâmen sîz alswâ.
iz wart in vil tûre
wan vor der burchmûre
825 dâ wâren brunnen verholne,
dî nâmen sî verstolne
dâ sî sich mit labeten,
wande sî der genûchsam nîne habeten.
daz sage ich û [entrûwen] *durch nôt:*
830 von durste habetens dû vil sêre den tôt.
    Moabîte unde Ammonîte
dî sint in dû nêhisten lûte,
den was ir geverte wal chunt,
dî gingen zû Holoferne an der selben stunt,
835 sî sageten im des israhêlischen lûtes site,
sî sprâchen: ›hêrre, sîne vehtent dir an dem velde nîht mite,
wande sî werent dir dî berge
unde dî vesten burge,
daz dû sû ubele gewinnen maht,
840 sîne habent dehein ander chraft.
wellest dû sû gewinnen
unde âne vehte *bedwingen,*
Holofernes, lîber hêrre,
sô volge unser lêre
845 unde heize behûten dî brunnen:
sô mahtû sû gewinnen
âne schilt unde âne swert
swî sô dîn mût gert,
older sî mûzen vor durste ersterben   *Die. 153*
850 older sî gebent dir dî stat unde entwîchent dir von den
                                                    bergen!‹

828   *l.* der brunnen genûchsam?   842   bedwingen *Die.* 152, 25]
829   entrûwen *ev. zu streichen.*   *fehlt Hs.*
      – durch nôt] *fehlt Hs.*   847   swert] *Hs.* ſpert

Holoferne unde den vorsten al
den gevîl der rât vile wal.
er schûf hûte ze den brunnen,
daz ir dî burgêre nîne mahten gewinnen,
855 î ze dem brunnen einen vorsten sô getân
der zehenzich rîter mohte hân
al umbe ze den brunnen.
dâ lach dû stat [mitten] inne.
dû sî alsô wâren bevangen
860 zweinzich tage lange   Hs. 104 d
dû begunde in *innen*
des wazzers zerinnen
daz sî heten gewunnen
von den zisternen unde [von den] brunnen.
865 swî manz dem lûte gêbe mit mâze
swaz iz sîn getrunche unde gâze,
doch was vil michel ir nôt,
sî wâren vil nâch vor durste alle tôt.
sî îlten vil harte
870 ad Ôziam ze dem êwarte,
sî reiten al gelîche
arme unde rîche,
bêdû chint unde wîp:
›got rihte iz uber dînen lîp,
875 daz wir sô nôtlîchen leben:
wan durch dich wir hêten uns den heiden ergeben,
unde durch dî sunde
sô hât uns got gegeben in der heiden hende!
nûne habe wir der helfe nîht!
880 daz wirt den heiden vil lîp,   *Die. 154*

858 mitten *ev. zu streichen*   864 *das zweite* von den *ev. zu*
861/862 innen *Die.* 153, *A.* 12   *streichen*
     bis 13] *Hs.* dû begunden   866 iz *Die.* 153, *A.* 16] *Hs.* in;
     ndeſ waʒzer zerinne   *l.* ir *(eorum)* ein *(Pretzel)?*

daz wir mûzen er*werden*
unde von [dem] durste ersterben!
  Nû samenen uns alle gelîche
arme unde rîche
885 unde chomen ze sînen vûzen,
daz sî uns daz leben lâzen.
bezzer ist, daz wir got in der vanchnusse dînen
danne wir daz leben vor durste verlîsen
unde wir ein itewîz werden
890 allem dem daz lebet ûf erden,
sô wir unserû chint vor unsern ougen sehen sterben!
himel unde erde
sint des unser urchunde,
daz iz got hât getân durch unser sunde!
895 daz ist uns nû der beste rât,
daz wir Holoferne geben dî stat,
daz wir gâhes gevallen von den swerten
danne wir seine vor durste ersterben!‹
unde alsô dû rede ergân was,
900 zewâre sage ich û daz:
sî begunden al gemeine
wûfen unde weinen.
sî sprâchen alle ensamt:
›ôwî, hêrre heilant,
905 wir hân gesundet wider dich!
hêrre got, dû erhôre unsich!
hêrre, wir wellen dir sîn verjehen,
wir bitten dich ane unser unrecht nîht sehen,
wande dû bist hêrre vil guot,   *Die. 155*
910 nû hilf uns, hêrre, ûz dirre vil micheln nôt   Hs. 105 a
unde engib uns nîht den heiden
ze manichvalten leiden,

881 erwerden *Die.* 154, 2] *Hs.*   890   *Hs.* uf der erde
    erſterben   903   ensamt] *Hs.* enſampht
882 dem *ev. zu streichen*

dî dîn nîht wellent erchennen:
sô spottent sî unser denne!
915 uns tût vil wê daz spot!
sô sprechent sî: »wa ist nû ir got
der in helfe solde sîn?«
nîne erchennent sî dîn!‹
    Dû sî gerûften genûge
920 unze sî wurden mûde,
ûf stunt dû Ózias
der ir êwarte was,
mit trûrigem mûte
reite der gûte:
925 ›ir sult ûch vrôlîchen
gehaben *al gelîche*
unze uber den vünften tach,
sô chumt uns dû gotes chraft
unde trôstet unser gemuote
930 unde hilfet uns ûz dirre nôte
unde genimt den itewîz von sînem namen,
daz wir unsich sîn nîmer geschamen,
unde erlôset uns von der ubermûte
der heidenischen dîte.
935 obe aver inner der vrist
uns got dehein helfe enist,
swenne vervar daz benante zît
sô chome danne man unde wîp
ze der heiden genâden,
940 obe sî uns mit gûte wellen enphâhen,‹
des alle vrôlîchen
wolden enbîten.
    Dî selben chlage ein vrouwe vernam,

926 al gelîche] *fehlt Hs. – Vgl.*   941/942 *Hs. ohne Reimpunkt*
Vulg. 7, 23   *nach* vrôlîchen
932 unsich *Die.* 155, *A.* 18–19]
Hs. uſif

Jûdith heizet der ir name,   *Die. 156*
945 ein vil edel wîp,
schône was der ir lîp,
Merâri was der ir vater name,
Manases hîz der ir man.
er starb in einem snite
950 dâ er den snitêren was mite
dâ sî daz chorn bunden:
von der heizen sunnen
durchschein im *daz houbet*, daz er erstarb.
dû wart er ze Bethûliâ geleit in sînes vater grab.
955 Jûdith dû verwitewet was,
zewâre sage ich û daz,
drû jâr
unde sehs mânôde gar.
si hîz in ir hûse obene
960 ein chemenâten wurchen tougene
dû allenthalben besperret was,
dâ si mit ir dîrnen innen saz.
si trûch hêrîn gewant an
sît Manases erstarp ir man.
965 si vaste dî wochen al gemeine
unze an den samztach eine,
unde swenne wâren ir hôchzît,
ôwî! wî erleit iz ir schôner lîp!   Hs. 105 b
wande si was al begarwe
970 der schônisten varwe
dî der î gewan dehein wîp,
doch si nîne zîrte ir lîp.

952 von] *Pirig, Untersuchun-*   *1881 (im folgenden Pirig),*
     gen über die sogenannte   *S.* 58 wan (= wande)
     jüngere Judith, mittelhoch-   953 daz houbet *Pirig, S.* 58]
     deutsches gedicht der über-   *fehlt Hs. — Die. Anm.* 156,
     gangsperiode. Diss. Bonn   6 *übernimmt Hs.*

31

si habete rîchtûm grôzen
den ir *ir* man hete lâzen,
975 unde vil eigener lûte:
dî habete si vil trûte
unde tete in vil ze gûte
sam si wêre ir mûter.
 Daz was vil wîten mêre
980 wî gût wîp si wêre,
wande si vil harte
den ir schephêre vorhte: *Die.* 157
von dû sône was dehein *man*
der ir ubel mohte gesagen.
985 dû si vernam daz
daz der gûte Ôzias
dem lûte hete geheizen,
daz er sû wolde lâzen
nâch dem vünften tage
990 obe in deheine genâde got nîne wolde gesendet haben,
daz sî sich Holoferne *wolden* ergeben
unde vristen ir leben,
dû sante si vil drâte
unde hîz ir gewinnen dî êwarte.
995 unde alsô si dî brîster gesach,
wî drâte si in zû sprach:
›waz ist daz wort...
des Ôzias dem lûte gehenget hât,
obe er an dem vünften tage
1000 von gote der helfe nîne habe,
daz er dî stat welle ergeben
unde dem lûte vristen daz leben?
ôwî! wer birt ir?

---

974 den ir ir man] *Hs.* dri ir   983/984 man der ir *Die.* 157,
man. – *Die.*156, *A.* 23 den   *A.* 2] *Hs.* dehein ubel
ir man   mohte
                                     997 wort] *Hs.* wart

wanne saget irz mir,
1005 daz sîn got gerûchet,
daz ir in versûchet,
daz ir im des habet gesetzet ein zil
wenne er û genâden sul?
disû rede enbringet uns dehein gût
1010 wan zornigez mût
von dem unsern hêrren
der uns solde erhôren!
    Habet ir sîner erbarmunge
ein zil vunden,
1015 ir unsinnigez volch,
daz uns zahten nîne touch?
wan sundêren *zimet bûzen*
unde sûchen genâde ze sînen vûzen
unde sûchen zim antlâz,
1020 wande er unser brôde wal weiz.   *Die. 158*
wirne mugen im nîht erdrôn an
sam einem irdischen man!
von dû sô dîmûten wir im unser sêle,
daz er uns erhôre,
1025 al nâch sînem willen
uns dise nôt gerûche [ze] linden.
unde alsô wir sîn getrûbet
von ir ubermûte
alsô werde wir durch dîne gûte
1030 gevrût in unser dîmûte,
wande wir unser vater sunde nîht hân begân,
daz wir beten vremde got an,   Hs. 105 c
dar umbe sî von den vîenden
wurden erslagen unde zevûret vil wîten.
1035 nûne wizzen aver wir got deheinen

1017 zimet bûzen *Die.* 157, *A.*   1034 vil wîten] *l. ev.* zallen
26] *fehlt Hs.*   enden ?

nîwan in einen!
nû bîten wir sîner gûte
wenne er getrôste daz unser gemûte,
wande er vil sicherlîchen richet dî nôt
1040 dî uns dî ubelen heiden tuont,
unde gedîmûtiget dî unsern vîande
von den unsern handen
unde machet sû âne êre:
des sule wir getrûwen dir, trehten hêrre!
1045 Nû ir lîben hêrren,
dî daz lût sult lêren
unde den ir sêle enpholhen ist:
dar ane chêrt ûren list,
daz ir in gestêtiget ir gemûte
1050 unde saget in vor dî gûte
dî got an unsern vorderen begî,
wî ofte er in half î
ûz maniger slahte nôte   *Die. 159*
dâ er sû mite besuohte,
1055 obe sî wêrlîchen geloubten an in,
wande er got solde sîn.
nû manet sû Abrahâmes,
sînes undertânes,
wî dicke er des gerûhte,
1060 daz er in besûhte:
dû gab er uns ze bilde daz,
wande er ime lîb was.
sam wart versûchet dar nâch
Abrahâms sun Ysaach.
1065 unde welt ir gedenchen des:
sam wart Jâcob unde Moyses.
mit nôten unde mit rûwen
wurden sî vunden dî gotes getrûwen.
ir wizzet wal, daz aver dî
1070 dî er âne bechorunge lî,

34

dî der zû nîne wolden gedultich sîn
unde in ir nôten murmelôten wider in,
dî mûsen erwerden
unde bôslîchen ersterben!
1075 dâ sule wir nemen bilde bî
unde gelouben, daz iz von unsern sunden chomen sî,
dar umbe er uns von rehte
wil zuhtigen sam sîne chnehte
unde uns erlôsen,
1080 erne wil uns nîht verlîsen!‹
    Dû sprach der gûte Ozias
der dâ der oberiste was,
und allû der juden phafheit,
si hête in dî wârheit geseit.
1085 sî bâten alle dî gotes dû,
daz si bette umbe sû,
wande si ein heiligez wîb was:
sî erhôrte got deste baz.
dû ensprach iz aver Jûdith dû schône:

1090 ›nû wizzet daz zewâre,   Hs. 105 d
daz daz von mînem sinne nîne vert   Die. 160
daz ich ze û dâ hân gereit;
sam chumt daz alsô vil
von mir daz ich nû tûn wil.
1095 des tût ir hêrren wal war:
obe iz von gote var
sô bitet in sîner gûte,
daz er gechreftige mîn gemûte,
unde stêt ze dem tor noch sâ
1100 swenne ich dar ûz gê mit mîner Abrâ‹
(sô hîz daz ir chamerwîp).
si bat sû warten der zît

1089 schône] *l.* mâre ?   1099 noch sâ] *l. nocte ista*
1093 chumt] *Hs.* chunt   (*Vulg.* 8, 32) ?

>unde bitet got den guoten,
daz er *uns* ûz disen nôten

1105 erlôse in disen vünf tagen
alsô ir daz zît habet gegeben.
irne sult mich aver nîhtes vrâgen,
daz wil ich û sagen,
wêre ûwer gebete sî emzichlich

1110 hin ze unserm hêrren umbe mich!<
dû sprach der gûte Ôzias
der der juden vorste was:
>nû var mit vride,
unser hêrre sî dir mite

1115 unde erlôse uns von unsern vreisen!<
dâ mite begunden sî sich scheiden.
    Dû dî hêrren quâmen alle ûz
dû vrouwe gî in ir betehûs,
ir gebete daz was vil grôz,

1120 mit den zeheren si sich begôz,
si besête sich mit dem stoube,
mit grôzen rûwen bette dû vrouwe,
daz er durch sîne gûte
sî gerûhte ze behûten,

1125 >wande dehein got ist âne dich,   *Die. 161*
hêrre got, nû erhôre mich!<
dû si dû erwant von dem gebete,
ich sage û waz si dû tete:
si vorderôte ir dû sâ

1130 dû dâ heizet Abrâ,
in ir hûs si dû gî,
ir witewelich gewant si dâ verlî
unde badte sich dar inne
unde hîz ir [ir] salben bringen

1104 uns] *fehlt Hs.*   1134   *zweites* ir *ev. zu streichen*
1106 habet gegeben] *Die.* 160,
      A. 13 *stellt um*

36

1135 unde salbôte sich dô
mit dem aller besten mirtô
daz der î îmen mohte gesehen,
sô wir daz bûch hôren jehen,
[unde leite ir brûtgewant ane,
1140 daz was mit golde wal beslagen,]
unde strâlte ir vahs
unde want in eine sîdîne hûben daz
unde leite ir bestez gewant an:
dû was si vil walgetân.   Hs. 106 a
1145 dû leite ane dû vrouwe
ir guldîne armbouge
unde nam ouch ir halsgolt:
man mohte ir gerne wesen holt.
dû hinch si in dî ôren
1150 dî guldînen wîren,
dû vazzete daz schône wîp
mit micheler zîrde ir lîp.
ouch weiz mîn trehten daz,
daz si vil wunderen schône was,
1155 wande izne wêre von junchlicher ubermût
nîwan von ir tugeden vil gût.
    Dû vrouwe vil wîse
dû vazzete ir wîb mit spîse.
dû begunden sî varen beide,   Die. 162
1160 sî wolden zû den ubelen heiden.
dû sî zû dem burgitor quâmen gegân
dâ si vant den gûten Ôziam,
er beite ir dâ ze der porten
mit den êwarten.
1165 alsô dû vrouwe dar quam
man lî sî âne vrâgen vur gân:

1139/1140   *zu streichen ?*   1163   porten] *Hs.* borten
1155   ne wêre *Die.* 161, *A.* 25]
      Hs. neur

37

si was sô schône unde sô lussam,
daz sû sîn alle wunder nam.
dû bat er got den gûten,
1170 daz er sî mûse behûten,
unde gab ir vramspûtige vart,
daz si mûse erledigen ir lût unde ir stat
al nâch sînen genâden.
dû sprâchen sî alle: ›âmen!‹

1175 Jûdith dû wîse
dû bat got mit vlîze,
daz er in einen engel gêbe
der ir geleite wêre.
si chêrte sâ von der burge
1180 ze tal an dem berge.
dâ gevingen sî dî wartman
dî von dem her wâren gegân:
daz was des morgens vil vrû.
sî vrâgten sî dû
1185 [von] wannen si vûre,
obe si wêre der burgêre,
older war si wolde,
daz si in daz sagen solde.
des antwurte in dû schîre
1190 Jûdith dû mêre:
›ich wil û sagen zewâre:
ich bin der burgâre
unde bin durch daz gevluhen dan,
wande ich daz vernomen hân,   *Die. 163*
1195 daz ir wîp unde ir chint
in ûren gewalt gegeben sint
dar umbe daz sî in daz lîzen versmâhen,
daz sî ûch nîht vridelîchen wolden enphâhen.

1185 von wannen] von *ev. zu*   1198 enphâhen] *Hs.* phahen
streichen

38

dû gedâhte ich mir zewâre,
1200 daz mir bezzer wâre,   Hs. 106 b
daz ich mich ergêbe,
obe er sô gût wêre,
daz er mir gehîze,
daz er mir den lîp lîze.
1205 ouch wil ich ûren hêrren
vil gerne lêren
wî er dî stat erwerbe,
daz ûrer deheiner nîmêr dar umbe ersterbe!‹
    Dû dî heiden ir rede gehôrten
1210 vil vrôlîchen sî sî danne vuorten.
sî sâhen sî einechlîchen an,
si dûhte sû sô walgetân,
daz sû ir schône wunder nam.
dû sprâchen zir dî wartman:
1215 ›dû hâst vil wîslîchen getân,
daz dû bist her zû uns gegân,
daz dû dich unserm hêrren wil ergeben
unde vristen daz dîn leben.
nû wizze daz zewâre:
1220 sô dich gesihet unser hêrre,
daz er minnet dînen lîp,
wande dû bist ein schône wîp!‹
sî vûrten sî drâte uber velt
hin zir hêrren gezelt.
1225 dû sî quâmen vor Holofernem den hêrren
er enphinch sû mit êren.
dû begunde er sâ brinnen
nâch ir edelen minnen.
dû sî sîne rîter gesâhen,
1230 sî sprâchen, wem daz êbrêische lût solde versmâhen

1216 *fehlt Hs. — Vgl. Vulg.* 10,   1219   wizze] *Hs.* wiʒeſt
15

erne sazte in urteile sînen lîp
umbe sô wunderen schônû wîp.
sî sprâchen, sî solden mit allem rehte
mit in dar umbe vehten.

1235   Dû Jûdiht gesach daz
wâ der hêrre Holofernes dâ saz
mit phelle behangen,
mit golde wal beslagen
unde mit edelen gesteinen

1240   grôzen unde chleinen –
smaragdîne unde saffîre
dî lâgen in dem edelen gesmîde –:
si vîl im ze vûzen drâte
unde dingete in sîne genâde,

1245   si bette an in
sam erz got solde sîn.
er hîz dî sînen chnehte werde
dî vrouwen heven von der erde.
er sprach: ›vrouwe, nû habe senftez mût,

1250   wande dir nîmen nîht entût!
ich newart nîmanne ze schaden
der sich ze dem chunige Nabuchôdônôsor wolde gehaben,
unde nehête sich dîn lût nîht vergâhet
unde nehête mînen hêrren nîht versmâhet

1255   unde hêten mich vridelîchen enphangen
daz newêre nîht grôze an ir schaden gegangen!
ich hête daz gerne von dir vernomen
war umbe dû her zuns sîst chomen.‹

    Dû sprach Jûdiht dû schône:

1260   ›nû vernim, min lîber hêrre,
wande des chuniges Nabuchôdônôsor êre an dir stât
unde nîman sô vrumen hât!
nû vernim, hêrre, mînû wort:
dû hâst bedwungen [allû] dû lant in sînen gewalt,

1265   imne dînent dû lûte nîht eine,

dû tîre al gemeine
dû mûzen im dînsthaft sîn:
daz vert allez von der vrumicheit dîn.
dîn zuht unde dîn gewalt
1270 ist chunt uber allû dû lant!
daz enist ouch nîht unverdeit
daz dir Âchior hât geseit,
daz ist ouch gewizzen
daz *dû* im dar umbe hâst geheizzen.
1275 doch iz dir, hêrre, wêre leit:
er seite dir dî wârheit!
ich wil dir, hêrre, aver daz chunden:
unser got ist sô erbalget von den sunden,
daz er bî sînen wîssagen in chunt hât getân,
1280 daz er sû durch ir missetât welle verlân.
wande sî daz hânt vernomen
sô ist dîn vorhte uber sû chomen,
wande dû hâst sû bedwungen
mit durste unde mit hunger.
1285 von sô getânen nôten
sint sî îzû gehabet under den tôten.
iz ist in chomen an dî nôt,
daz sî mûsen trinchen des vihes bluot,
unde daz heilige brôt
1290 daz in got verbôt,
daz mûsen sî nû ezzen,
dar umbe hât er ir vergezzen:
dazne solte nîmêr gerûren dehein hant
nîwan ir êwart.
1295 unde alsô ich daz erchante
dû was iz mir ante,
dû gedâhte ich mir,

1266   tîre] *Hs.* tyerer   1274   dû] *fehlt Hs.*
1272   *Pirig, S.* 56] *fehlt Hs.* –   1279   bî *Die. Anm.* 165, 13] *Hs.* di
       Vgl. Vulg. 11, 7   1281   *l.* swanne ?

41

ich wolde iz chunden dir,

unde begunde in allen gâhen

1300 her zû dir vlîhen.

hêrre, ich gere, daz daz sî dîn urlop,

daz ich mûze beten an mînen got,

daz er mir daz chunde

wenne er sû umbe ir sunde

1305 zuhtigen welle,

daz ich dir daz chunde denne.

ich vûre dich durch allez daz lant

unde gibe iz, hêrre, in dînen gewalt

unde vûre dich in dî stat ze Jerusalêm,

1310 daz sî dir nîne mugen wider stên.

daz wart von gote geboten mir,

daz ich daz mûz sagen dir!‹

Dû rede gevîl wal den hêrren

dî mit Holoferne wâren.

1315 sî begunden ir vaste war ze tûn,

[von] wannen si habete den wîstûm,

des nam sû michel wunder.

sî reiten al besunder,

daz sî ûf der *erde* nînder nevunden

1320 dehein wîp so schône noch sô wal redunde.

Holofernes sprach ze der vrouwen,

wande si wal gevîl sînen ougen:

›got hât wal getân an dir,

daz er dich hât gesendet [her] ze mir

1325 von dem lûte dîn

dî mir widerbruhtich wellent sîn,

daz dû sû gebest in mînen gewalt

1304	wenne] *Hs.* wende	166, *A.* 17]	*Hs.* uz der
1316	von wannen] von *ev. zu*		nienderne
	streichen	1320	redunde] *Hs.* reden unde
1319	ûf der erde nînderne *Dic.*	1324	her ze] her *ev. zu streichen*
		1327	mînen] *Hs.* dunen

42

unde offenest mir dû ir lant.
unde getût dîn got durch dich Die. 167
1330 sô vil gûtes wider mich
sô wirt er ouch der got mîn
unde wil ich dir îmêr holt sîn!
vor dem chunige Nabuchôdônôsor wirdest dû nemelich,
ûf aller der erde wirt dîn name chundich!‹
1335 Dû dû rede was ergân
er hîz dî vrouwen in eine chemenâten gân
dâ sîn schatz inne lach,
Bagaô hîz der der chamere dâ phlach.
dâ hîz er sî wesen inne
1340 unde schûf mit dem ingesinde,
daz sî ir wal wêren dînisthaft
von der sîner wirtschaft.
dû sprach Jûdith dû schône:
›neine, mîn lîber hêrre!
1345 ichne getorste sîn nîmêr enbîzen,
iz wurde mir vil sêre von gote verwizen.
ich hân mich sîn her vor bedâht
unde hân mir sîn her în brâht.‹
dû sprach der hêrre Holofernes:
1350 ›waz tûn wir dir sô dir nû gebristet des?‹
dû sprach Jûdith dû mâre:
›ich sage dirz zewâre,
daz ich iz ê nîht verbiderbet hân
unze mîn wille ist ergân.‹
1355 sî nâmen dû sîne chnehte drâte
unde vûrten sî zû der chemenâten.
ê si gechêrte von dem hêrren
ê bat si in sîner genâden,
daz daz wêre sîn urlop, Die. 168

1347 sîn *zu streichen?*   1348 her în brâht *Pretzel*] *Hs.*
herre ibraht. — *Die. Anm.*
167, 19–20 here brâht

1360 daz si drîe naht mûse ûz gân unde beten an ir got,
›ich unde mîn chamerwîp‹, sprach Jûdith dû schône,
›wir chomen her wider vor tages, vil lîber hêrre!‹ Hs. 107 a
   Dû gebôt er den chamerâren
dî der vrouwen phlâgen,

1365 daz si ûz ginge
swelch ende ir gevîle
unde bette an ir got,
des hêtes drîe naht urlop.
alsô ir daz urlop gegeben wart

1370 sâ ze naht hûb si sich an dî vart
unde ginch ûf an den berch
ze Bethûliâ vur dî burch
unde badte sich in dem brunnen
der den burgêren dâ was ane gewunnen.

1375 si bat got mit vlîze,
daz er sî underwîste
wî er wolde,
daz si ir lût erlôsen solde,
unde daz er ir helfe wêre,

1380 sô wurden sî erlôset vil schîre.
si gî âne sorgen
des morgens wider zû den herbergen.
dâ was dû vrouwe mit zuhten
unze si des nahtes wolde enbîzen.

1385   Nû was ergân der dritte tach
unde was chomen der vîrde dar nâch.
Holofernes der hêrre
der machete ein wirtschaft mêre
allen sînen holden

1390 dî im dînen solden.

1360 si drîe] *Hs.* ſi die drie   1368 drîe] *Hs.* driege
1366 swelch ende *Die.* 168, *A.*   1385 ergân] *Hs.* ergangen
       8] *Hs.* ſwellente

dû sprach er ze sînem chamerêre alsô *Die. 169*
(der was geheizen Bagaô):
›nû gâ enzît
unde schunte daz ebrêische wîp,
1395 daz si des gehenge dir,
daz si des *nahtes* gelige bî mir.
daz wêre ein michel schande
in unserem lande,
daz ein wîp bespotte dar umbe einen man,
1400 daz si sô vergebene solde von im varen!‹
dû ginch dar în Bagaô
unde sprach ze Jûdith alsô:
›vrouwe, nûne habet des deheine schame,
ir sult vur mînen hêrren gân,
1405 daz ir werdet gemêret
unde *von im gêret.*
ouch trinchet mit im unde ezzet,
daz ir ûwer *leit* vergezzet!‹
Jûdith dû antwurte dô
1410 dem chamerêre alsô:
›wî getorste ich dâ wider sîn
daz mir gebûte der hêrre mîn?
alsô er mir gebûtet *ze tûn*
sô wil ich îmêr sîn *gemût*!‹
1415 dû vazzete si sich mit êren
unde gî vur Holofernem den hêrren.
dû enchuhte sich sîn gemûte
von der vrouwen gûte,

1393 gâ] *Hs.* gench
1396 nahtes] *fehlt Hs.*
1406 von im gêret] *fehlt Hs.* –
Vgl. Vulg. 12, 12. *Die.* 169,
A. 12 von ime wol gêret
1408 leit *Die.* 169, *A.* 14] *fehlt
Hs.*

1413/1414 ze tûn : gemût *Pret-
zel*] *fehlt Hs.* – *Die.* 169,
A. 18 gemute. *Die. Anm.*
169, 18 er gebutet mir : sîn
1417 enchuhte] *Die. Anm.* 169,
21 enzunte

er begunde harte brinnen
1420 von ir edelen minnen.
er sprach: ›nû trinch vrôlîchen an disen stunden,
wande dû genâde hî ze mir hâst vunden!‹
dû sprach Jûdith dû schône:
›ich trinche gerne, hêrre,
1425 wande ich gevrût bin
mêre denne allen den lîp mîn!‹ *Die. 170*
dû tranch dû vrouwe unde az
daz ir von *ir* dû̂we gegarwet was.
er wart des schônen wîbes alsô vrô,
1430 daz er mêre ertranch dô
in mete jouch in wîne
danne er deheines tages î getrunche ze sînem lîbe!
  Nû was iz worden spâte,
dî chnehte wâren drâte
1435 gegangen ze herbergen,
sî habeten lützel sorgen
sî wâren trunchen von trinchen unde von ezzen.
der chamerêre nehete ouch des nîht vergezzen
erne hête gesperret dî chemenâten
1440 unde was er gegân slâfen.
Jûdith dû schône
dû was in der chemenâten vrône.
Holofernes der hêrre
der was zewâre
1445 entslâfen an dem bette sîn,
wande er hete getrunchen vil michelen wîn.
dû gebôt Jûdith ir wîbe
bî ir selbes lîbe,
daz si vor der chemenâten stunte

1428 von ir] *Hs.* uor. — *Vgl.*
Vulg. 12, 19. *Die.* 170, *A.*
2 von der

46

1450 unde ir dî tur behîlte.
dû vrouwe stunt vor dem bette,
vil vaste si got ane bette,
daz er durch sîne gûte
gestarche ir gemûte,
1455 daz si ir lût mûse erlôsen
von den heiden bôsen.
   Dû des dû gebat dû vrouwe vil tûre
dû trat si zû der sûle
dû ze sînen houbten stunt:
1460 dâ nam si sîn swert,
si zôch iz ûz der scheide
dem hêrren al ze leide,   *Die. 171*
ich sage û daz zewâre,
si vî in bî dem hâre
1465 unde slûch im alsô [*gebrouche*]
daz houbet von dem bûche.
dû ir alsô wal gelanch
dû nam si von den sûlen den umbehanch
unde gî vil drâte
1470 ûz der chemenâten:
si wolde iz ir dûwe geben
unde hîz sîz in ir taschen legen.
danne gingen sî beide âne geleite
nâch der êrorn gewonheite
1475 sam sî wolden gân an ir gebete.
sî îlten vil drâte zû der stete.
nû wâren sî durch daz her gegân,
daz sî sâhen dî stat an.
nû wâren sî uber dî graben gegân,
1480 dû sâhen sî dî wahtêre an den zinnen stân.

1460 swert] *Hs.* ſpert. − swert   *Lexikalische Probleme,*
     guot *Pretzel*   *S.* 22] *Hs.* geburche *auf*
1461 *fehlt Hs.*−*Vgl.Vulg.* 13,9   *Rasur.* − gewurte *Pretzel*
1465 *gebrouche Leitzmann,*

unde hîz ir dî porte entslîzen,
daz sî sî dar în lîzen,
1485 wande got mit ir wâre,
der hête in gegeben genâde.
   Dû dî wahtêre vernâmen daz,
daz dû vrouwe chomen was,
sî îlten vil harte
1490 unde sagetenz den êwarten.
dû quâmen al gemeine
michel unde chleine
dî in der stete wâren,
daz sî sî gesâhen,
1495 wande sî entrûweten ir chunfte nîht.
sî brâhten dar manich brinnundez lîht,
zeinem ringe sî sî umbe gâben,
wande sî sî alle gerne sâhen.
Jûdith dû schône
1500 dû trat ûf eine hôhe,
daz si sû alle uber sach,
daz wort sî gûtlîchen sprach:
›nû lobet unsern hêrren der dî nî verlî *Die. 172*
dî im getrûweten î,
1505 unde ouch nû an sîner dûwe
hât erzeiget sîne erbarmunge durch sînes lûtes rûwe
unde hât erslagen mit mîner hant
hînt [an dirre naht] sînes lûtes vîant!‹
dû zeigete si in vil gewis
1510 daz houbet Holofernis:
›nû sehet ûres vîandes houbet,
wî in got hât getoubet!

1482 *schwer zu ergänzen. Vulg.*
13, 13 a longe ? V. 1481
und 1483 éin Langvers?

ditze ist daz umbehanch
dâ er in sîner trunchenheit under lach!
1515 er hât ouch durch sîne gûte
mich vil wal behûtet,
daz ich mit deheinen sunden bewollen bin,
daz ich dare unde danne gevaren unde dâ gewesen bin!‹
    Dû lobeten sî dû lûte zewâre
1520 unde sageten ir michel genâde,
daz sich got durch sî gerûhte [z]erbarmen
uber sû vil armen.
dû sprach der gûte Ôzias
der der juden vorste was:
1525 ›gesegenet sîs dû uber allû wîp,
sêlich sî der dîn lîp!
gesegenet sî got der gûte
der daz dîn gemûte
an unsern vîant gerihtet hât,
1530 daz dû uns dî râche hâst brâht,
unde dînen namen hât gemêret
unde hât dich dâ mite gêret,
wande dû nîne entlibe
dînem blôden lîbe
1535 dûne gingest in den tôt
durch unser aller nôt!
des sol dir got genâden!‹
dû sprâchen sî alle: ›âmen!‹
    Sâ dû quam der heiden Âchior   *Die.* 173
1540 der û benennet ist dâ bevor.
dû sprach dû vrouwe zim:
›hêrre Âchior, nû vernim:
got dem dû hâst urchunde geben,   *Hs.* 107 d
daz er von sînen vîanden dî râche neme,

1518 danne gevaren unde] *Hs.*
    danne geuaren bin

49

1545 der hât hînt der heiden houbet abe geslagen
mit mîner hant, daz hân ich dâ her getragen.
unde daz dû bewêrest mînen list:
nû sich, wâ Holofernis houbet ist
der in sîner ubermûte
1550 versmâhte unsers gotes gûte
unde dir drôte danne
sô daz israhêlische lût wurde gevangen!‹
dû Âchior daz houbet gesach,
michels wunders er dû jach,
1555 ze der erde begunder sitzen,
vor angesten begunder hitzen,
wande in des michel wunder nam,
daz got mit einem wîbe hete so getân wunder begân,
daz si einen sô chreftigen man
1560 mit sînem eigenem swerte getorste erslahen.
dû Âchior der heidenische man
wider denchen began,
dû bôt er sich sô sûze
der vrouwen zû den vûzen:
1565 ›gesegenet sîs dû uber allû wîp,
wande dû hâst gevristet uns den lîp
von dem grimmigen tôde,
des lône dir got mit sînem lône!
swâ man dînen namen îmer gehôret
1570 dâ wirt dîn lop gemêret!‹   *Die. 174*
        Dû sprach Jûdith ze den hêrren:
›nû vernemet mir noch mêre:
nû stecket daz houbet
ûf dî mûre obene
1575 unze iz beginne ûf gân,

1545 der] *l.* des *oder* abe *zu*   1546 daz hân ich] *l.* hân ich
streichen (Pretzel)? – abe   daz ?
geslagen *Die. Anm.* 173,6]   1560 sînem] *Hs.* sinnen
Hs. geslagen abe   1575/1576 gân : sân] *Hs.* ga : sa

sô weset alle gereit sân
mit ûrem wîchgewêfen
unde heizet û dî burch entslîzen
unde vart dar ûz mit einer chrefte
1580 vil vaste vur ûch dî rihte
unde nesult newedernthalben chêren,
sô mûzen dî wartman vlîhen zû ir hêrren,
daz sî in wecken
unde sich ze der vehte machen.
1585 sô ir danne chomt ûf daz velt
sô choment dî vorsten vur des hêrren gezelt
unde vindent in tôten ligen in sînem blûte,
sô mûzen sî verlîsen daz degenliche gemûte,
sô werfent sî daz wîchgewêfen von der hant
1590 unde rûment sî vlîhunde daz lant.   Hs. 108 a
alsô ir sî sehet vlîhen
sô sult ir in vaste zû zîhen.
nû merchet daz, helde vil balt,
sô gît sî got in ûren gewalt,
1595 sô werdent sî û zetreten under dî vûze,
dî unzuht mûzen sî danne bûzen!‹
dû Âchior sach daz gotes wunder dâ
dû geloubter sich der heidenschefte sâ
unde geloubet ane got
1600 unde ervollet daz sîn gebot   Die. 175
unde besneit sich ze der hûte
unde habete sich ze dem israhêlischen lûte,
unde allû sîn afterchunft
was mit den juden îmêr unze an dise stunt.
1605   Unde alsô man daz ersach,
daz der tach ûf brach

1589 wîchgewêfen] Hs. -geſtve-   1602 habete Die. 175, 2] Hs.
      fen   habe
1593 merchet] Hs. merehet   1606 daz der] Hs. der daz
1595 sî û] Die. Anm. 174, 24 ir si

51

dû wâren sî alle gerwe
mit ir wîchgeserwe.
daz houbet wart gestecket sâ
1610 ûf dî burchmûre ze Bethûliâ.
sî vûren mit einem michelen schalle –
sî wâren wal gar alle –
in dî halsperge,
sî îlten abe dem berge.
1615 dû dî wartman daz gesâhen
sî begunden harte [ze] gâhen
abe der warte uber daz velt
hin ze ir hêrren gezelt.
dû dî *rîter daz* gesâhen
1620 dî dâ ze hove wâren,
sîne getorsten nîht gewecken
Holofernem ir hêrren,
wan daz sî reiten unde trâten
vil vaste vor der chemenâten,
1625 obe sî in dâ mite mohten erwecken.
nîmen getorste zim nîht gesprechen
noch dî chemenâten ûf getûn,
noch mit chlophen *în gân,*
unze daz quâmen dî vorsten
1630 dî in wecken getorsten;
herzogen unde grâven
dî mit im dâ wâren,

1607 gerwe] *Die.* 175, *A.* 7 be-
       garwe. *Die. Anm.* 175, 7
       garwe
1611/1612 beide Verse ev. zu ver-
       tauschen?
1616 ze gâhen] ze *ev. zu strei-
       chen*
1619 rîter daz] *fehlt Hs. – Vgl.*
       V. 1229

1628 în gân *Kienast*] *Hs.* er-
       wechen. – *Vgl. Vulg.* 14, 10.
       Die. 175, *A.* 22–23 ûf ge-
       brechen : erwecken
1632 *Pretzel erwägt* dî des heres
       phlâgen *(Vulg.* 14, 11
       maiores exercitus)

dî hîzen dî chamerêre wecken den hêrren,
wande dî mûse wêren
1635 ûz ir holren gegân   *Die. 176*
unde wolden sû vehten an.
Bagaô der chamerêre
der gî in dî chemenâten wecken sînen hêrren.
vor dem umbehange er gestunt,
1640 dî hente er vaste zesamene slûch:
er wânte dannoch zewâre,
daz er bî der vrouwen entslâfen wâre.
dû er dû daz erhôrte,
daz er sich nînder enrûrte,
1645 dû gî er zû dem bette baz
unde ersach, daz der botich âne daz houbet dâ was   Hs. 108 b
bewollen in dem bluote,
dû erquam er nôte.
dû begunder lûte [ze] schrîen
1650 unde daz gewant vor leide abe im [ze] snîden.
dû gî er in dem gezelt allenthalben
unde sûhte dî vrouwen.
alsô er der vrouwen nîne vant dâ
dû gî er ûz dem gezelt sâ,
1655 er sprach: ›ôwî der wende
dî ein wîp hât begân in des chuniges Nabuchôdônôsors lande!
si hât mînen hêrren Holofernem erslagen
unde hât sîn houbet hin getragen!
er lît an der erde
1660 in dem blûte bewollen unwerde!‹
     Dû dî vorsten vernâmen daz,
daz Holofernes erslagen was,
michel wart ir chlage,

1646   *Hs.* unde erfach daz. daz   1652   sûhte *Die.* 176, *A.* 15] *Hs.*
der botich...   fchuchte
1649/1650   ze *ev. zu streichen*

ir gewant sniten sî in vor leide abe,

1665 sî begunden in vorhten sêre,
ir gemûte wart getrûbet î mêre unde mêre!
dû daz her al vernam daz,
daz der hêrre erslagen was,
dû enphîl in

1670 bêdû rât unde sin: Die. 177
sî verzeiten al gemeine
von sô grôzem leide,
sîne gerten helfe decheine
nîwan dî vluht eine.

1675 dî vîlen sî alle an,
dem was endanch der dâ entran.
sî vluhen alle besunder,
ir deheiner nesprach nî wort ze dem andern.
sî vluhen alle mit geneigtem houbet,

1680 sî wâren rehte erstoubet.
dû ir îgelicher daz ersach,
daz in dî juden îlten nâch,
sî lîzen gewant unde gezelt,
sî vluhen berch *unde* velt

1685 swâ ir decheiner mohte chomen hin,
sî vluhen alle âne gesin.
dû dî burgêre sâhen
dî heiden sô vaste gâhen
unde daz sî *nûwan* vluhen:

1690 jô! wî sî in zû zugen!
sî blîsen unde rûften vaste nâch in,
daz benam in harte den gesin.
swelcher in quam sô nâhen,

schiere verzagen / unde be-
gunden ...

1664 *Pirig, S. 57 f.*] *fehlt Hs.* –   1684 unde] *fehlt Hs.* – *Die.* 177,
Vgl. Vulg. 14, 17. *Statt*   *A.* 11 uber berch unde velt
sniten *l.* zarten ? – *Die.*   1689 nûwan *Die. Anm.* 177, 14]
Anm. 176, 25 sî wolden   *Hs.* niene

daz sî in mohten ergâhen,
1695 der mûse verlîsen den lîp.
des siges half in ein wîp!
dî heiden vluhen einzigen dan,
der burgêre aver deheiner von dem andern quam.
　　Der gûte Ózias
1700 der der juden bischolf was,
der sante boten manige
allenthalben after dem lande
ze den steten grôzen,
ze den ir hûsgenôzen
1705 unde tâten in dî rede chunt.
sî wâren garwe an der stunt
unde jeiten sû ûz dem lande
mit schaden jouch mit schanden.
daz sî der heiden mohten bejagen
1710 dî wurden alle erslagen:　　　　　Hs. 108 c
sî râchen vaste ir anden.　　　　　*Die. 178*
dî aver in der stete wâren bestanden
dâ ze Bethûliâ,
dî vîlen an den roub sâ.
1715 dî burgêre wider sunnen
dû sî den sich gewunnen
unde sû geslûgen ûz dem lande.
dî chûnen wîgande
dî nâmen dû allez daz
1720 daz der heidene was.
sî nâmen vihes uber al,
daz sîn nîmen nemohte wizzen zal.
der roub was sô grôzlîch,
daz sî alle danne wurden rîch.
1725 　　Dû Joachim vreiste daz

1704 *Pirig, S.* 58] *fehlt Hs.* − *Vgl.*　1708　jouch] *Hs.* ŏch
　　　V. 458　　　　　　　　　　　1709　daz] *l.* swaz ?
1705 garwe] *Hs.* gar ſa

55

der ir erzebischolf was,
dû vûr er sâ
von Jerusalêm hin ze Bethûliâ
mit aller sîner phafheit
1730 durch daz wunder daz in wart geseit:
er wolde dî vrouwen
vil gerne geschouwen.
dû Jûdith quam vur dî hêrren
sî enphingen sî mit êren,
1735 sî sprâchen al gemeine:
›gesegenet sîs dû eine
uber allû wîp,
wande dû hâst uns gevristet bêdû gût unde lîp!
dî wîl unde stât Jerusalêm
1740 sône sol dîn lop nîmêr zegên!
dû bist ein vroude Israhêle,
dû bist des landes êre îmer mêre,
wande dû hâst sô chnehtlîchen getân,
daz nemohte nîmêr vur brâht hân dechein man,
1745 wande dû dî chûscheit an dir hete,
dar umbe hete dir dû gotes chraft gesterchet dîn gemûte:
wande vur daz Manases erstarb eine
sône gewunne dû nîmer mêre man decheinen,
von dû sô werdest dû gesegenet êwichlîchen,   *Die. 179*
1750 daz dir dû gotes zeswe nîmêr geswîche!‹
dî lûte dî dâ wâren
dî sprâchen alle: ›âmen!‹
    Sî brâhten vil chûme zesamene
den roub inner drîzich tagen.
1755 dû der vil michel hort
aller zesamene brâht wart
dû wart daz allez ûz gelesen
daz des hêrren Holofernis wal mohte wesen:
bêdû vihe unde gewant.

1734 enphingen] *Hs.* enphien

56

1760   daz nam dû vrouwe zir hant,
       man gab ir silber unde golt,
       ir wâren dû lûte vil holt.
       ir wart gegeben allez daz
       daz des hêrren Holofernis was.

1765   sî rûften alle gelîche,
       arme unde rîche,
       bêdû wîp unde man
       den ir schephêre an.
       alte unde junge

1770   got sî lop sungen,
       daz er sû gerûhte [z]erlôsen
       von den heiden bôsen.   Hs. 108 d
       Jûdith dû vrouwe
       dû sanch ouch entrûwe

1775   lop ir hêrren,
       daz er gerûhte sîne dû sô grôze zêren!
         Dû daz lop gesungen wart
       daz lût quam al gemeine ze Jerusalêm in dî stat
       nâch der sigenunft mêren

1780   beten an ir hêrren.
       unde alsô sî gelûteret wurden des tages
       dû brâhten sî ir opher unde ir antheiz *dare*.
       Jûdith dû brâhte dar begarwe
       allez daz wîchgeserwe

1785   daz des hêrren Holofernis was
       unde opherôte daz:
       daz hete ir daz lût gegeben,   *Die. 180*
       wande si in vriste daz leben.
       unde daz deckelachen daz si danne trûch

1790   dâ si im daz houbet abe slûch,
       daz hete si genomene
       zeinem vlûche der vergezzenunge.

1780   beten] *Hs.* betten: *l.* bet-   1782   dare] *fehlt Hs.*
       tens ?

daz lût daz was vrôlich
in gotes dîniste, wên ich;
1795 drîe mânôde volle
tulten sî mit vrouden dî sigenunft alle.
dû dî tulttage alle quâmen ûz,
dû vûr manichlich heim ze sînem hûs.
Jûdith dû vûr sâ
1800 hine heim ze Bethûliâ.
dâ was dû vrouwe hêre
mit êren îmer mêre,
daz si dû oberiste was an den êren
vor allen den dî in Judeâ wâren.
1805 Dû vrouwe was îmer mêre âne man,
daz si deheinen zir lebene gewan
vur daz Manases erstarb ir man.
swenne ir hôchzît wâren
sô gî si gar mit michelen êren.
1810 dû vrouwe wonete alsus
vünf unde zehenzich jâr in *ir mannes hûs.*
dû lî si ir Abram vrîe,
daz hete si wal verdînet umbe sî.
dû starb dû vrouwe sâ,
1815 man leite si zir manne in Bethûliâ.
dû chlagetens dî lûte alle
aht tage volle.
in aller der wîle
unde dû vrouwe was enlîbe
1820 sô stunt daz lant vridelîchen zewâre
unde ouch nâch ir tôde ze vil *manigem jâre.*

1805/1806 *Pretzel* Dû vrouwe was
îmer mêre reine, / daz si
man deheinen / zir lebene
gewan (*Vulg.* 16, 26 *erat
. . . castitas adiuncta*)
1809 *l.* dar ?
1811 ir mannes hûs] *fehlt Hs. —*

Die. 180, 22 ir hûs. *Vgl.
Vulg.* 16, 28
1815 zir] *Hs.* zu ir
1821 ze vil manigem jâre *Die.
Anm.* 180, 29] *Hs.* ceuil
mannodo. — *Vgl. Vulg.* 16,
30. *Die.* 180, *A.* 29 vil
manich jâre

www.ingramcontent.com/pod-product-compliance
Lightning Source LLC
Chambersburg PA
CBHW032206010726
47493CB00008BA/2856